Círculo Rojo

NO TIENEN PERDÓN

NO TIENEN PERDÓN

JOSMAN

Círculo Rojo
EDITORIAL

Primera edición: enero 2024

Depósito legal: AL 38-2024

ISBN: 978-84-1061-397-3

Impresión y producción: Editorial Círculo Rojo

© Del texto: Josman
© Maquetación y diseño: Equipo de Editorial Círculo Rojo

Editorial Círculo Rojo

www.editorialcirculorojo.com

info@editorialcirculorojo.com

Impreso en España - Printed in Spain

Dedicado a mi padre, un héroe de los que hubo en este país durante y después de la Guerra Civil. Nadie, fuera de su familia, ha reconocido su sacrificio a muchos; los suyos también supieron aguantar estoicamente situaciones indeseables. Sin embargo, como auténticos héroes, nunca alardearon.

Agradecimiento a mi padre y a mi tío Manolete por sus conversaciones en la parcela de mi tío en La Quinteria de Andújar donde me llevaba mi padre algunos domingos cuando íbamos a los Villares de Andújar para ver a mis abuelos y pasar algún fin de semana con ellos y con mis tíos de los Villares y mis primos Paqui y Juanin.

Ellos recordaban algunos de los difíciles momentos que tuvieron que sortear en el pasado mientras yo me sentaba al lado de la acequia y disfrutaba del corazón de una buena sandia que me preparaba mi tío para que no me aburriera y mientras miraba algunas veces a mi prima Francisca que era bastante mayor que yo faenando y arando la parcela y recuerdo que escuchaba a mi tío como le decía a mi padre que mi prima Francisca tenia mas riñones que un tío y que ella sola era capaz de llevar la parcela aquella y unas cuantas mas si hiciera falta.

E ste texto revela algunos movimientos que hice durante la Guerra Civil española entre 1936 y 1939. En 1985, ya no me acuerdo de todos.

Mi nombre es Antonio Expósito Toledo; nací el veintitrés de septiembre de 1919 y mi vida transcurrió como la de cualquier niño y adolescente. Ayudaba a mi padre, mis hermanos Manuel (en nuestra casa, todos lo llamábamos Manolete porque se lo puse yo) y Juan en la parcela familiar; aunque era más pequeño, poco lograba hacer. Sin embargo, en el campo cualquier ayuda resulta buena. Cuando se podía, iba a la escuela; a pesar de que yo prefería la parcela porque jugaba con el buey que teníamos para arar; yo lo llamaba Lunero y creo que me entendía perfectamente porque, cuando lo llamaba, venía directo hacia mí.

Me recibía cada mañana con un testarazo que me estampaba contra la pared de la caseta; pero se mostraba de lo más cariñoso, ya que después me daba dos lengüetazos en la cara. Y no me gustaba nada, sobre todo, cuando me pillaba de oreja a oreja, pasando por toda la boca. Yo estaba prevenido, pero de vez en cuando me cazaba y, además, era divertido. Algunos días, me obedecía en todo lo que le pedía, pero en otros no y solo quería jugar. Después de darme un par de achuchones, se giraba y se marchaba con toda la parsimonia del mundo; atravesaba toda la era y parecía que se quedaba sordo, pues ni se paraba cuando lo llamaba. Él nos reconocía por nuestra voz y se metía entre los chopos cercanos; a veces se detenía, se giraba para mirarme y mugía, como retándome a encontrarlo. Entonces yo, haciéndome el despistado, caminaba hacia el lado contrario y lo llamaba con fuerza para que me oyera. «¡Lunero, Luneroooo!», gritaba, mientras que él no dejaba de mirarme fijamente desde su escondite entre los chopos. Luego mugía de nuevo, como diciéndome: «¿A que no me ves?». Yo entonces me daba la vuelta, corría hacia él, lo agarraba de la correa del cuello y nos íbamos al corral. Allí lo dejaba encerrado, comiendo, para que nos permitiera faenar. Otras veces, no me hacía ni caso y me seguía, como si fuera mi perro de compañía. Si yo no podía con él porque no me obedecía y solo quería jugar, entonces venía mi padre y, con su voz mandona y sargentona, le decía: «Lunero, vamos ya al corral». Dócilmente, me miraba con ojos tristes, como transmitiendo: «¡Qué crueldad, ni jugar nos dejan!», y se iba tranquilo al corral. No creo que pudiera haber un animal más noble y testarudo.

Como a tantos otros de mi generación, me tocó vivir la Guerra Civil de 1936 a 1939. Algunos se llevaron la peor parte: no pudieron volver a sus casas con sus familias, ni ver el final de una guerra de españoles contra españoles, vecinos contra vecinos y, en algunos casos, hermanos contra hermanos y familias contra familias. Salieron envidias y rencores de la miseria humana que arrastraban desde generaciones anteriores. Aprovechaban la oportunidad para justificar la sinrazón de la venganza, que ni ellos mismos sabían muy bien a qué se debía. Cuando en tu familia te han educado en el odio contra alguien o contra algo, es muy difícil escapar de ese entorno; lo hacían así, sencillamente, con todo su malentendido amor hacia ti y, por supuesto, por tu propio bien; así, a través de ti, seguirían odiando.

En mayo de 1937 me fui «voluntario» a Murcia al arma de aviación para servir a España como republicano. Esta era republicana y democrática y había que defenderla de los militares sublevados que querían abolir la democracia. Tenían la fuerza y el mando, no les venía bien este sistema. Al cabo de un mes de instrucción, nos llevaron a jurar bandera a Los Jerónimos. Se trataba de un trayecto corto y estábamos fuertes, así que nos hicieron formar, fuimos todos a pie y, la vuelta, igual.

Pasados unos diez o quince días, escogieron a unos cuantos para la DECA (Defensa Especial Contra Aeronaves) y, entre ellos, estaba yo. Recibimos instrucción y formación en el manejo de armas de fuego y, sobre todo, de ametralladoras pesadas: cómo desmontarlas, montarlas, transportarlas y salvarlas para que no cayeran en manos del enemigo. También aprendimos a usar el arma blanca en los enfrentamientos o para defensa personal en el cuerpo a cuerpo.

Pasado ese periodo de formación e instrucción militar, debíamos poner en práctica lo que nos enseñaron. Me destinaron a una batería pesada y antiaérea llamada Batería Francesa; cuando llegamos, no había más que internacionales y cada uno hablábamos un idioma distinto; aunque los españoles abundábamos, poco a poco conseguimos entendernos por señas. Algunos extranjeros pronunciaban un poco de español, se esforzaban realmente en aprender para comunicarse con nosotros; pues era mucho más fácil así a que nosotros estudiásemos francés, italiano o inglés. A la velocidad a la que se desarrollaban los acontecimientos, no nos parecía un buen plan perder el tiempo; aunque los mandos nos decían que intentáramos aprender los idiomas del batallón y memorizásemos algunas palabras, no nos servirían de nada porque nos cambiaban de lugar con mucha facilidad. Los relevos que llegaran después estarían en la misma situación que nosotros (es decir, sin enterarse ni entenderse con los internacionales), y vuelta a empezar. Me habría gustado aprender inglés o francés, pero no eran ni el momento ni el lugar más adecuados. No teníamos tiempo para contemporizar ni confraternizar entre nosotros porque, en cualquier momento, debíamos recoger a un compañero del suelo —aunque no entendiéramos lo que estaba diciendo porque era internacional— y ponerlo en una camilla, con el vientre abierto o la cabeza destrozada.

Una guerra insensibiliza y deshumaniza a cualquiera: jóvenes y mayores, hombres y mujeres. Ves que la vida pasa en un momento. Estás tomando un café con un compañero, hablando de cuándo se volverá a casa y se acabará la guerra. De pronto se cae de la silla porque ha recibido un disparo en la cabeza y ni tiempo tienes para recogerlo. No hay avisos en la guerra. Un francotirador enemigo se camufla en algún sitio, buscando dianas fáciles para abatir; hasta resulta posible que tenga algún familiar al otro lado de la línea.

Pues aquella batería estaba instalada en el barrio de la Carlota en Madrid. Cuando ingresé en ella, me pusieron de contador de espoleta; tenía que gritar mucho y me esforzaba para que me oyeran, mi pobre garganta se me resintió rápidamente y me quedé afónico. No era nada fácil hacerse entender por las detonaciones casi consecutivas, una detrás de la otra sin parar. Mientras me recuperaba, me sustituyeron por un francés. Los mandos debieron de pensar que, como el batallón se llamaba Francés, allí se hablaría este idioma; pero resultó que nadie lo conocía, salvo mi sustituto. Al parecer, este no tenía intención de aprender español, pues le gustaba enseñarnos todas las palabras que pudiera. Esta voluntad no era de primera necesidad y la situación no favorecía ese menester: fuimos a relevar a los anteriores componentes del batallón. Si aprendieron algo, de nada les serviría en el siguiente destino, al no practicar los vocablos aprendidos en una batería antiaérea. Un gran número de nacionales en mi expedición no entendían a ese francés.

Tuve que pedir el alta antes de tiempo y proseguir con mis funciones de contador de espoleta. Me tocó aguantar la guasa de algunos compañeros, que se ponían la mano en la oreja para hacerme gritar más; pero yo no podía. El ruido resultaba atronador y ensordecedor; creo que actuaban más por intuición, puesto que conocían perfectamente la mecánica de tiro; realmente, muchas veces ni me oían.

Algunas situaciones —de no vivir una guerra— se podrían confundir con imágenes de una película cómica española o extranjera en el cine.

Pasaron cuarenta o cuarenta y cinco días, hasta que nos sacaron de allí a todo el batallón; nos movilizaron para los ataques de Brunete-Villanueva de la Cañada y Villanueva del Pardillo. Ese sector era conocido como el frente de Brunete. Ocurrió en julio de 1937, si no recuerdo mal, y los hicimos retroceder tanto que incluso algunos pensábamos que les habíamos ganado en algo. Pero, realmente, no lo sabíamos. Ellos tenían más carros de combate y aviones que nosotros y eran incluso más numerosos. Además, recibían ayuda de los países más poderosos en ese momento, como Alemania, Italia o Portugal, que les servían de apoyo en caso de necesitarlo.

Nos tuvimos que emplear muy a fondo y los ataques resultaron bastante crudos, se nos quitaron las ganas de hacer bromas durante algún tiempo por lo vivido y lo visto en ese frente. Nos volvimos a Madrid, pero esta vez nos emplazaron en lo que hoy es el hipódromo; por entonces abarcaba un cerro coronado con una finca plantada de viñas. Parecía un auténtico espectáculo de paisaje si se nos hubiese permitido pararnos para contemplarlo. Entonces recordé a mi buey e imaginé lo que nos habríamos divertido en ese viñedo, él escondiéndose y retándome y yo llamándolo y buscándolo.

A orilla del Manzanares, nos emplazamos la batería y, al poco tiempo de situarnos, montaron una cantina para los componentes y algún mando. Decidieron ponerme de cantinero; debieron de pensar que aquel joven campesino, cateto y semianalfabeto, que no reía (porque no existía motivo, según yo) y que no bebía (porque no había nada, salvo un vinagre al que llamaban vino, ni nada que celebrar; al menos eso pensaba yo en aquellas fechas) era el más fiable de todos.

He de reconocer que me lo pasé muy bien durante cinco o seis meses; ya no recuerdo exactamente el tiempo que transcurrió. Luego nos seleccionaron y enviaron a seis para Valencia, la mitad de nosotros. Tres se quedaron en el campo de aviación de Manises y, a los otros tres, nos mandaron al de Liria para cubrir tres puestos de ayudantes de mecánico. Habían llegado los aviones nuevos y debían contar con su equipo de mantenimiento, al igual que el resto (por cierto, todos rusos). Entonces entendí que los mandos, al parecer, sí tenían un buen concepto de mí; pensé en ese momento que yo estaba equivocado al sospechar lo contrario.

En cada aparato estaban destinados un mecánico y un ayudante. El primero conocía todas y cada una de las piezas del motor (mi oficial era capaz de desmontarlo y montarlo sin dudar en ningún momento) y cómo repararlas. El segundo tenía que saber sus nombres, las herramientas y la ubicación de esas piezas en el avión;

de esa manera, el trabajo de mantenimiento era mucho más sencillo. El oficial no necesitaba pedir nada, debíamos estar pendientes de todos los movimientos en cada reparación. Me resultó fácil adaptarme y aprender, porque el mío era un auténtico maestro; mi hambre por la mecánica de los aviones de combate en vivo y en directo hizo el resto.

En total había dieciocho moscas, así llamábamos a los aviones rusos Polikarpov; dos escuadrillas tenían por misión defender el frente de Barracas de los sublevados (o, dicho de otra manera, los nacionales).

Pasados un par de meses aproximadamente, se llevaron estos aviones moscas (las dos escuadrillas al completo) a la zona de Andalucía. A nosotros tres nos trasladaron a Valencia para recoger seis máquinas ametralladoras procedentes de Alemania, de marca OERLICON y calibre veinte, que tenía un alcance de mil quinientos metros más o menos. Podía cargar unas sesenta o setenta balas, si no recuerdo mal.

La instrucción en el montaje y desmontaje duró tres semanas apenas; nosotros ya las conocíamos porque pertenecíamos a la DECA. Tras el periodo de formación de todo el personal nuevo, nos ascendieron a cabos a los tres. Los oficiales al mando quedaron muy satisfechos con nuestro trabajo de adiestramiento y consideraron que nos merecíamos un ascenso. Algunos desarrollamos, sin ser conscientes, una habilidad tal que desmontábamos y montábamos la ametralladora sin mirar; todo un espectáculo de precisión y habilidad, debían de pensar los mandos. Los veíamos desde el punto de emplazamiento y se quedaban mirando absortos el principio de cada clase. El ascenso a cabo, por supuesto, tenía trampa.

Tres o cuatro semanas después, nos asignaron una máquina a cada uno y nos trasladaron a Barcelona; nos destacaron en un punto estratégico de la ciudad. A mí me tocó en la terraza del castillo de Montjuïc, donde estuve prestando servicio durante seis meses.

Después de emplazar la ametralladora, me fui corriendo a ver al capitán para pedirle permiso antes de que hubiera más lío; quería ver a mi hermano, que estaba en Cartagena en una batería antiaérea. Me dijo que me tomara un permiso antiaéreo, que volviera lo antes posible y que se lo comunicara a mi sargento antes de irme. Así lo hice. Saludé a este, lo vi casualmente cuando atravesaba el patio. Yo pretendía buscarlo en un bar del puerto que solía frecuentar, esto me ahorró una buena carrera. Le comuniqué lo que me había dicho el capitán y me respondió: «Pues ¿a qué esperas? Corre», y salí corriendo para coger un camión que se iba esa misma tarde para Valencia.

Allí tomé otro, que me dejaba cerca de la posición de mi hermano; sabía dónde se encontraba por las cartas que me enviaba mi padre. Tenía que llegar andando y cruzando las líneas amigas, al menos eso creía; pero empezaron a dispararme como si quisiesen gastar toda la munición en un momento, en cuanto vieron que algo se movía. Yo les grité mi nombre, pregunté por mi hermano Manuel (en mi casa lo llamábamos Manolete), detallé que era de Los Villares de Andújar y que me habían dicho que estaba allí en una batería antiaérea. Dejaron de disparar y me indicaron que esperara allí; fueron a preguntar y, de pronto, la voz de mi hermano me dijo: «Antonio, acércate despacio, pero sin levantarte mucho del suelo. El enemigo también dispara, que a estos ya los sujeto yo».

Fui corriendo y nos abrazamos como si no nos viésemos desde hacía una eternidad. En realidad, en una guerra un día puede parecer eterno. Lo estreché tan fuerte como pude sin ganas de dejarlo y nos sentamos a contarnos nuestra vida de los últimos dos años y medio. Me dijo que allí veía cómo caían al mar las pavas, ardiendo y echando humo; así llamaba a los aviones enemigos Messerschmitt, que eran alemanes. Le parecían pavas grandes cuando saltaban desde la tapia de nuestro corral hasta el suelo; mi hermano solía dormir la siesta algunos días allí sobre dos o tres balas de paja. Ellas lo despertaban y sobresaltaban al caer desde la tapia del corral sobre su cabeza.

Sentados sobre unos sacos de tierra, nos tomamos un vino que trajo un compañero de Priego de Córdoba. Cuando nos lo acabamos, yo tenía que marcharme porque allí no había pensión para mí. Me subí a un camión de transporte que llegaba hasta Valencia y allí coincidió que, sobre la marcha, pude coger otro hasta Barcelona. Llegué corriendo y me presenté a mi capitán; me ordenó regresar inmediatamente a mi emplazamiento e incorporarme a mi batería, no sin antes felicitarme por el tiempo que me había tomado de permiso voluntario; yo no tenía ningún documento que lo acreditara. La alegría y la euforia que sentí cuando me dijo que podía ir a ver a mi hermano hicieron que se me olvidara todo. Debería esperar a pedirle el permiso por escrito; de haberme cogido la Policía en algún punto del trayecto, tanto a la ida como a la vuelta, habría tenido un gran problema. Podrían creer que había desertado; pero eso no ocurrió, gracias a Dios. Me preguntó si necesitaba un descanso y le dije que no, que había dormido en el viaje.

Tras esos seis meses, se nos envió una orden a todos los destacamentos.

Todos los militares de zona republicana (o sea la roja que eramos nosotros) entre dieciocho y veintidós años tenían que pasar como mínimo seis meses bajo las armas de infantería.

¡Menuda barbaridad!

Es decir, haríamos un periodo de formación militar como la mili en ese tiempo breve. No lo entendíamos; ya llevábamos luchando en el frente más de un año, con manejo de fusiles, ametralladoras pesadas, granadas, pistolas y cuchillo. A algunos nos pareció un atraso, un entorpecimiento y un sinsentido; los mandos se habían dormido una siesta larga y habían llegado tarde a la guerra. Pero una orden es una orden y había que obedecerla, aunque no estuviéramos de acuerdo con ella. Los militares entre dieciocho y veintidós años debíamos de formar un tercio o casi la mitad del ejército rojo. Muy posiblemente, el avance de los nacionales vino por la falta de ese personal en las líneas de cada frente, aunque eso ya no tenía arreglo.

El desconcierto en los mandos nos parecía tan grande que no sabíamos bien a qué atenernos.

Entonces nos sacaron de nuestros destinos y nos llevaron a la provincia de Valencia, concretamente, a Utiel, al Crim número once. Tras seis meses de instrucción militar, nos sacaron de allí y me destinaron a la brigada de choque 220, al primer batallón de la cuarta compañía. Se encontraba en el frente de Barracas, mandada por el coronel don Ovidio Flores Álvarez.

Cuando llegamos a la unidad, nos encontramos con que estaban en plena retirada. Habían comenzado esa misma mañana y, tras la desbandada y el desorden, nos pusimos a salvo en el pueblo de Segorbe. Allí pasaron cinco días, en los que deambulamos como zombis de un lado para otro, hasta que localizamos lo que quedaba del batallón. Una vez reorganizado este, nos llevaron a Requena, donde estuvimos casi un mes, mientras se reorganizaban los mandos y decidían cómo maniobrar después de los últimos movimientos de los sublevados o nacionales.

Después de este mes en Requena, todo empezó a suceder muy deprisa. Nos sacaron para Extremadura y, nada más llegar, nos pusieron a hacer línea frente a Castuera (en la provincia de Badajoz). Allí después construyeron un campo de concentración para los soldados republicanos, que habíamos empezado la guerra leales a la patria y terminamos prácticamente siendo los traidores. Me colocaron de furriel para la compañía.

Al cabo de un mes, me mandaron a una escuela para sargentos en un pueblo cerca de Masalfasar (ya no recuerdo su nombre), provincia de Valencia. En algo menos de dos meses, salí como sargento y me reincorporé a mi unidad, donde me nombraron jefe de información de compañía.

En esos días empezaron los ataques del cinco de enero en el río Zújar, batalla muy recordada debido a la fecha: noche de Reyes. Algunos la recordamos porque tomamos parte en la contienda, y otros por las experiencias de familiares o por haber oído hablar de ella. En fin, aquello fue un verdadero desastre. Si no me acuerdo mal, iniciamos los ataques en la parte baja del río Zújar; el que más y el que menos lo cruzó esa noche seis o siete veces, con el agua helada al cuello, el macuto, el fusil, las cartucheras y los demás utensilios en la cabeza para que no se mojaran.

El frío te calaba hasta los huesos, la ropa quedaba mojada. Hicimos esto seis noches seguidas entre cuatro y seis veces, siempre en las mismas condiciones. Vamos, que, si no nos mataban las balas, podíamos morir por las condiciones climatológicas.

Después de estos seis o siete días de infierno frío, nos relevaron y nos llevaron a Hinojosa del Duque; un pueblo muy abandonado por los efectos de la guerra. Tras dos o tres semanas de descanso, iniciamos nuevos ataques a la izquierda de sierra Trapera.

Cruzamos la cordillera por la vía del tren de ferrocarriles españoles, que conducen desde Córdoba en dirección a Los Pedroches. Por esa zona o poco más arriba, chocamos con las fuerzas nacionales y empezó el tiroteo. Entraron en acción los tanques y las fuerzas mecanizadas; en pocas horas, los obligamos a retroceder y, en cosa de seis o siete días, ya les habíamos ganado los pueblos de Blázquez, Peralada del Zaucejo, Valsequillo, San Juan de Torrehermosa y Esparragosa de Lares. Los mismos que nos arrebataron en cuarenta y ocho horas más o menos poco después.

Cuando nos recuperamos de esa batalla, nos llevaron a hacer un descanso en un pueblecito de Badajoz, que se llamaba Sancti Spíritus; estuvimos poco más de un mes y nos sacaron en camiones con destino a Santa Eufemia.

Al sur, en unas trincheras, nos dispusimos a repeler el ataque de los sublevados o nacionales, que se aproximaban con tres o cuatro batallones equipados con una buena sección de tanques, artillería y demás. Vamos, que se veía que venían preparados para la guerra.

Tan pronto sus ojeadores consideraron que estábamos a tiro, empezaron a disparar. Como estas trincheras se disponían a los lados de la carretera, no se cubrían totalmente y parecía un error de cálculo a simple vista. Los sublevados llegaron y, por fuera, recorrieron todo el pasillo; unos con las pistolas, otros con los fusiles, las granadas de mano y las bayonetas se trincaron a todos los que quisieron, montando una auténtica escabechina. Sorteé como pude las balas y las bombas. Tenía la misión de llevar esa información de inmediato al comandante, y lo que no me dio tiempo a escribirlo se lo dije verbalmente. Después de escucharme atento, me miró, se levantó y me respondió en voz alta:

«El que pueda que se salve, que la guerra ha terminado. El que no tenga las manos manchadas de sangre ya se puede ir a su casa tranquilo, que no le pasará nada».

Lo observé sin acabar de creerme lo que estaba oyendo, ¡que la guerra había terminado y masacraban a mis compañeros en una trinchera en Santa Eufemia! No lo entendía y me fui corriendo a mi puesto, donde todavía seguían mis dos compañeros; les dije lo que había comentado el comandante. Ante lo que estábamos viendo y la impotencia, más allá de ponernos a salvo, debíamos decidir si morir con los demás o salvar la vida. Los tres partimos en dirección norte y ya no supimos en qué quedó aquello, pero bastantes murieron en la dichosa trinchera de Santa Eufemia sin que nadie los ayudase. Daba la impresión de que los mandos ya lo conocían porque no había previsto ningún refuerzo, ni se encontraba cerca ningún apoyo por tierra o por aire. Desde hacía dos días se acercaba el enemigo preparado a la perfección (o, mejor dicho, los nacionales) y estábamos en inferioridad y desamparados a nuestra suerte. Al parecer, algún mando decidió que teníamos que ser masacrados allí porque sí, solo ellos sabrían el motivo. No entenderé por qué no anunciaron el fin de la guerra el día anterior, así se habrían salvado todos mis compañeros.

¡Eso no tiene perdón!

Cuando caminábamos por la montaña, encontramos un buen rebaño de cabras abandonadas y decidimos llevarlas con nosotros; las arreamos hasta donde pudimos. Sumaban casi ciento cincuenta y, si alguien nos preguntaba, diríamos que éramos los cabreros. Continuamos con ellas hasta cruzar la carretera que conduce de Córdoba al pueblo de Alamillo; nos encontramos un camino hasta un cortijo bastante grande y allí había unos veinticinco o treinta soldados más. También habían salido en desbandada, buscando el mejor regreso a casa.

Preguntamos por el encargado del cortijo y se presentó un señor regordete, no muy alto pero sí muy coloradito. Le cuestioné si podíamos pasar la noche allí y encerrar las cabras en el corral; él, muy amable, me dijo que todo estaba a nuestra disposición y entró para abrir la puerta. Me pareció enorme y me extrañó que allí no hubiera ningún animal, solo las cabras que llevábamos nosotros. Cuando todos nos concentramos en la cocina, les dije que cogieran del rebaño los ejemplares que necesitaran y los preparasen en el corral; con el fuego podíamos asar la carne. A mis dos compañeros les indiqué que eligiesen un choto para nosotros. Con todo preparado para comer, el señor cortijero sacó unas jarras de vino y se unió a nosotros. Disfrutamos de una cena bastante buena sin pensarlo siquiera, de tal manera que hasta sobró carne del asado. Cuando estuvimos satisfechos, le pedí que me indicara la dirección de Veredas, un pueblecito de la provincia de Ciudad Real; creo que se trataba del primero colindante con la de Córdoba o Jaén. Ese buen hombre me dijo:

—Usted no se preocupe, que, por muy temprano que usted se levante, aquí estaré yo levantado para indicarle el camino.

—De acuerdo. En ese caso, le doy las gracias de nuevo.

—Nada, no se preocupe —respondió el buen señor.

Antes de amanecer, me levanté y salí al campo para hacer mis necesidades. Mientras tanto, vi a través de unas rendijas de las pocilgas una luz que parecía de un candil. Me acerqué sigilosamente para no delatarme, escuché la voz de ese buen señor y la de una mujer; él le estaba entregando parte del choto asado de esa noche. Me alejé con cuidado de no hacer ruido, dando la vuelta al corral donde encerramos las cabras la tarde anterior.

Cuando entré en la cocina, él ya estaba allí con mis dos compañeros. Al sentarme, le dije que mantenía muy bien la finca, que el dueño debía de estar muy contento con él y su trabajo. Entonces explicó que el propietario era él y que tenía bastantes olivas y una gran porción de monte de encinas; en fin, una finca de sierra bastante rica y productiva. A los cerdos los había trasladado hacía unos días más adentro. Si llegaba gente como nosotros, con hambre pero sin cabras, entonces los cochinos corrían mucho peligro; por eso los había llevado al interior de la dehesa. Nos explicó por dónde podíamos ir a Veredas.

Mis compañeros salieron al campo para hacer sus necesidades. No comenté nada de lo que había visto y oído hacía un rato, le confesé lo de las cabras y le dije que allí se le quedaban. Él insistió en que nos las lleváramos y le expliqué que nos entorpecerían la marcha; le vendrían muy bien para dar de cenar y comer a la mamá cochina en estado de buena esperanza. El hombre me miró fijamente y sonrió socarrón, pues ahora sabía que yo había descubierto su secreto. Agachó la cabeza, asintió y salió de la cocina.

Ahora entendí por qué no debía preocuparme; no se levantó antes que yo porque, sencillamente, se pasó la noche en vela. Nos había vigilado porque éramos demasiados y debía proteger su secreto. Hizo muy bien.

Llamé a mis compañeros y, sin contarles nada, nos dispusimos a marcharnos. Una hora antes de asomar el sol, salimos caminando y, al mediodía, llegamos a la estación del ferrocarril de Veredas.

El que más y el que menos nos sentíamos bastante cansados con la caminata y la carga del equipaje. Como siempre, mis compañeros me ponían delante, supongo que por tener más rango; decidimos dejar las armas allí, pero abandonarlas en cualquier lugar no me parecía oportuno. Podría considerarse un delito grave por el momento que vivíamos. Así que pregunté por el jefe de estación y se presentó un señor de unos cuarenta o cuarenta y cinco años; le expliqué nuestra idea y se puso un poco nervioso porque la situación, al parecer, lo sobrepasaba y no quería. Después de dejarlo hablar, le contesté para tranquilizarlo:

—Mire, señor: diga lo que diga, usted es el jefe de estación y, sin un permiso de armas, no sube nadie. Si usted quiere, el tren no sale y, en las fechas en que estamos, usted es más que el alcalde. Si usted no quiere, no sube nadie y ninguno lo tenemos. Así que yo creo que usted es la persona más indicada para hacerse cargo de este armamento.

Otros cuarenta o cincuenta soldados habían aparecido de no sé dónde, como por arte de magia, también dispuestos a dejar las armas, fusiles y correajes en mano como si de una licencia del cuartel se tratara.

—Pero por todos no puedo responder —agregué—, porque nosotros solo somos tres.

—¡Demasiadas leyes militares me parece que sabe, para ser sargento de guerra tan joven!

Al parecer, lo del permiso de armas lo pilló desprevenido, aunque me sorprendió que se lo creyera. «Pues la guerra y haber pasado por la academia de algo me tendrían que servir; lo del permiso de armas tampoco lo sabía yo», pensé. La situación lo sobrepasó un poco y reconsideró su primera postura; entonces nos dijo que no se hacía responsable de ese armamento, pero tenía una habitación vacía y podíamos dejarlo allí. No nos iba a tomar nota ni datos. Le respondí que no se preocupara y que, esa misma noche, avisara a las autoridades del pueblo para que se ocupasen. Que explicara que se lo habían dejado por la fuerza. En esas circunstancias, no creía que le fuese a pasar nada y recordé las palabras de mi comandante: «Únicamente tendrán problemas aquellos que se hayan metido a fondo sin saber dónde y se hayan manchado las manos de sangre». Ese buen hombre estaba forzado por una masa de gente y quizá, al verse solo y rodeado de tanto personal armado, debió de sentirse amenazado. En realidad, los soldados deseábamos dejar las armas donde fuera y marcharnos a casa.

Se quedó convencido y abrió la habitación para que las guardásemos allí; entonces nos dijo que no vendría ningún tren civil hasta el día siguiente, hoy pasarían cuatro o cinco militares. El primero llegaría en una hora cargado con un batallón de regulares moros. Descansamos un poco y confirmamos esta información. Cuatro o cinco muchachas paseaban por la estación, tomando el fresco; un moro se bajó del tren y se abalanzó sobre ellas, gritando algo que no entendimos. Una se cayó y las otras salieron corriendo despavoridas y gritando. De pronto se apeó un comandante español, se fue hacia el moro, sacó una pistola, le pegó dos iros y lo mató. Inmediatamente, bajaron los camilleros, lo tumbaron en la camilla, le pusieron una manta encima, lo metieron en el vagón y se lo llevaron.

Cuando se fue el tren, los grupos formados se separaron poco a poco. Nosotros tres decidimos continuar juntos y seguimos la vía camino de Puertollano.

Al llegar, unas mujeres nos dijeron que, en la plaza de toros, habían puesto unas calderas y que estaban guisando para todos los repatriados del ejército rojo. Preguntamos por su localización y allí nos encaminamos. Nos encontramos con una guardia de moros y, en la entrada, dos alféreces y dos tenientes europeos registraban a todo el mundo. Yo todavía llevaba mi pistola del calibre 6/32, marca Astra; antes de que me la descubrieran, me dirigí a un teniente y se la entregué en mano. Entonces me registró y, como no escondía nada más, me dijo: «Siéntese en ese banco y espéreme un momento». Mientras aguardaba, pensé y entendí que esas buenas señoras nos engañaron; pero supongo que lo hicieron por su seguridad: podrían estar en peligro si actuaban de otra manera. El teniente se dirigió hacia mí, me levanté y lo saludé militarmente; me correspondió como era su obligación y me dio la mano, como si fuésemos dos amigos.

—¿En qué frente estuvo usted? —Le contesté que en el de Costuera—. Pues mi hermano estuvo en sierra Trapera y hace un año que no sabemos nada de él. Creo que ha muerto. Pero, en fin, cuando usted me vea por aquí, no dude en hablarme y ya veremos lo que se puede hacer por mejorar la situación.

Esa noche, me dieron un chusco, una lata de sardinas para dos y una rodaja de carne de membrillo; cada uno nos buscamos un refugio para protegernos del aire porque hacía bastante frío.

Entramos de noche y bien oscurecido; al día siguiente, me encontré con un conocido de Andújar, nos saludamos y nos unimos. Mis dos compañeros reconocieron a algunos amigos y formaron sus grupos para volver a casa. Durante los días que nos tuvieron allí, permanecimos siempre juntos; eso, al parecer, nos animaba. También entró un compañero suyo de Jamilena, con el que había estado en el frente.

Allí nos juntamos esa noche unos doscientos soldados republicanos o rojos; entrar era muy fácil, pero no dejaban salir a nadie. Parecíamos prisioneros de guerra con bastante guardia; la cambiaban a las nueve y, un día, eran españoles y, otro, moros con mandos españoles.

Con estos estaban dos alféreces malagueños que no tendrían más de diecinueve o veinte años; para su edad y su graduación, me parecieron de lo mejor que había visto en el ejército. Al día siguiente de entrar nosotros, también vinieron unos moros y la guardia se quedó fija para relevar cada veinticuatro horas. El uno o el dos de abril de 1939, se pusieron a tomar filiaciones y hacer papeles. Primero les tocaba a los soldados de un escuadrón de caballería destinado allí mismo en Puertollano. Enfrente de una puerta lateral de la plaza, habilitaron su cuartel para un batallón de moros regulares. Los soldados rojos (o sea, el escuadrón de caballería) se hicieron los remolones hasta ver lo que pasaba; los sacaron a la fuerza y los metieron en la plaza de toros a empujones. Los vimos llegar con maletas y todo su equipaje, así que creímos que venían de un desembarco. Después de hablar con algunos, nos quedamos algo más tranquilos.

En el pasillo de arriba después de las gradas, había diez o doce centinelas; nos impedían acercarnos para ver el exterior. Así sucedía todos los días. En las ocho puertas vigilaba un guardia, así que no nos podíamos aproximar a ningún sitio.

El seis de abril de 1939 entraron de guardia los moros y los dos alféreces jóvenes relevaron los puestos. A las once y media o doce, retiraron a los de arriba y a los de la puerta del medio; solo quedaron soldados en las delanteras.

Durante la semana que estuvimos allí, hizo un tiempo muy malo, con lluvia y frío. Como la curiosidad siempre pica, al vernos con menos centinelas, empezamos a atrevernos y subimos a pasear. Nos acercamos a las puertecitas que daban al campo con disimulo y descubrimos que faltaban los guardias y los grandes candados.

La falta de guardias y candados me hizo pensar; propuse a mi paisano estudiar una huida y le pareció perfecto. El cinco o seis de abril, ya teníamos todo planeado. Sobre las nueve y media de la noche, cogimos nuestro equipo y nos dispusimos a salir; cuando estábamos cerca de la puerta elegida, oímos:

—¡A formar para la cena!

—Ahora es la ocasión —opinó mi paisano.

—No, ahora no. Primero nos llevamos la cena por si acaso, porque el camino es largo.

Allí empezamos que sí y que no; pero al final decidimos coger comida, así que volvimos y formamos. Nada más recoger la ración, los tres nos juntamos en el patio y nos fuimos hacia la puerta elegida.

Pensábamos que nos iban a ametrallar por la espalda, porque tanto descuido y facilidad no nos parecían normales. A medida que nos alejábamos, creí que, realmente, pretendían facilitarnos la huida porque no sabían qué hacer con nosotros. Debieron de pensar: «Que cada uno se vaya a su casa como pueda y así nos quitamos ese problema de en medio».

Dirección a Andújar por los Majales a Mestanza, procuramos evitar el cerro y dimos un rodeo de noche, porque había mucha concentración de fuerza que no nos venía nada bien. La euforia del momento podría provocar cualquier barbaridad si cogían a tres soldados rojos que volvían a casa. Paramos en un cortijo que vimos por el camino para pedir agua y algo de comer; nos atendió un señor muy agradable, nos dio un trozo de pan y una morcilla de cebolla que estaba buenísima; todavía hoy me acuerdo de lo rica que sabía.

Cerca de Andújar, decidí atajar por los caminos para llegar a Los Villares, ya que mi amigo se quedaba allí y el suyo seguiría hasta Jamilena. Nos quedaba un buen trecho todavía hasta nuestra casa, pero a partir de ahí avanzaríamos en solitario.

Llegué a Los Villares al atardecer y di un rodeo para entrar en mi casa por la parte de atrás. Esperé a que anocheciera; pero de pronto vi una cabeza, que se asomaba y miraba a un lado y a otro, como buscando algo o a alguien. Fijándome bien, me pareció mi madre. Le hice una seña con la mano, me reconoció y me indicó con un gesto que me acercara a la tapia. Trepé dentro de un salto. Ella, para poder asomarse, había puesto el yugo de madera de los bueyes contra la pared a modo de escalera.

Me dijo que una vecina había venido a contarle que tuviera cuidado porque había gente merodeando y no le fueran a robar. En realidad, le había parecido ver a su Antonio y ella, sin pensarlo, corrió directa al corral de gallinas para subirse a la tapia y recibir a su hijo. Después de abrazarnos y alegrarnos, me pidió que me escondiera detrás de los pesebres; en ese momento en la cuadra había dos mulas y allí se escondía mi hermano Manolete. Había llegado el día anterior. Lo abracé corriendo porque no lo veía desde que me cogí el permiso, cuando estaba prestando servicio en Montjuïc y él se encontraba en Cartagena en una batería antiaérea.

Nos pasamos la noche contándonos nuestras vivencias. Le relaté que, tras llegar al cuartel de Murcia, a los dos días quise escribirle una carta a padre; como no se me daba muy bien, le pedí a un compañero que me la redactara. La mandé y recibí respuesta al cabo de unos días. Sabía que no la había escrito yo porque conocía mi letra, así que no le volviera a enviar otra si no era de mi puño y letra. Me fui a buscar al compañero, maestro de escuela; se alegró mucho de que le pidiera ayuda para aprender a escribir y leer correctamente. Le estaré agradecido siempre.

Decidimos escondernos hasta que mi padre se informara de nuestra situación. Cuando este llegó de la parcela, nos abrazamos y cenamos todos juntos en la cocina junto a la cuadra: mi padre Manuel, mi madre Francisca, Manolete, Juan, Francisco (el menor) y yo. Resultó muy emocionante para Manolete y para mí ver a toda nuestra familia junta comiendo después de tanto tiempo; no parábamos de mirarnos ni de observar a padre, a madre y nuestros hermanos. Necesitábamos alimentarnos con la vista, disfrutar y sentir la cercanía de los nuestros, como si nunca la hubiésemos vivido, antes que comer el plato que nos había preparado nuestra buena madre.

Al día siguiente, antes de que mi padre se fuera a Andújar a preguntar al capitán de la Guardia Civil, llegó un camión con un sargento y cuatro números de la Guardia Civil. Se interesaron por los hijos de Francisca, porque el primero conocía a mis padres. Ella salió para decirle que allí no estaban, el sargento replicó que le habían contado nuestra llegada y lo sabía de buena tinta. Dedujimos que la misma persona que avisó a mi madre debió de avisar luego a este para demostrar que era buena servidora del régimen. El sargento comentó a mi madre con un tono amenazador que no podían esconder a soldados enemigos del ejército rojo, porque se iban a meter en muchos problemas y que, por ese motivo, los fusilarían. Ella le dijo que no se preocupara y que, si nos veía, se lo contaría inmediatamente.

No contento con eso, el sargento registró el gallinero y las cuadras. Mi hermano y yo nos metimos debajo de toda la paja, estuvo mirando un rato por si se movía algo y luego comprobó el pozo. Menos mal que no vio el fusil y la pistola de mi hermano, que había tirado allí cuando llegó. Mi madre dejó el cubo flotando y, de esta manera, no se podía distinguir bien el fondo. Al parecer, se conformó; aunque, antes de irse, se dirigió a mi madre de nuevo; la amenazó con todo lo malo que le podía ocurrir, incluso se llevó una mano a la pistola del cinturón.

Mi padre fue a ver al capitán, conocido suyo por cuestiones laborales; había sido ujier en el Ayuntamiento de Andújar como porrero durante casi toda su vida. Se ponía detrás de la autoridad con una porra de hierro, representando la fuerza del alcalde o alguien de rango superior.

Volvió tras hablar con el capitán de la Guardia Civil y nos dijo en lo que habían quedado: uno de los hijos debía presentarse voluntario para prestar servicio militar con el ejército nacional de Franco; era la mejor manera de solucionar cualquier problema que pudiera surgir en adelante. Debía pensar en ese momento en salvaguardar a sus otros tres hijos, por lo demás no necesitaba preocuparse. Decidimos que yo me presentaría, porque mi hermano era más útil en la casa al saber más que yo sobre las labores del campo. Juan y Francisco eran demasiado pequeños y no habían participado en la guerra.

Así que, al día siguiente, me preparé y me fui con mi padre hasta el cuartel de la Guardia Civil de Andújar para entregarme o presentarme voluntario. El capitán me dijo que esperara en el patio porque pasarían a buscarme; mi padre y él se quedaron hablando un rato. Vino a despedirse de mí, me dio dos besos, me dijo que todo saldría bien y que no me preocupase. Llegó un camión, me recogió a mí y a otros tres o cuatro que estaban en el patio.

Nos llevaron por la carretera del cerro a un lugar cerrado con una alambrada y nos metieron dentro. Allí solo podías sentarte en el suelo porque no había nada más. Pensé que, a la mañana siguiente, nos tomarían la filiación. Al caer la noche, hubo un cambio de guardia y conocía a uno de los soldados; se llamaba Antonio, igual que yo, y también era de Andújar. Nos saludamos, aunque cada uno estaba a un lado de la alambrada. Me dijo que tenía que vigilar hasta la madrugada y que, si necesitaba algo, se lo comentara y me ayudaría en lo que pudiese. Al cabo de un par de horas, se apartó a hacer sus necesidades. Se acercó hacia el exterior de unas cuadras con una mano de cal por dentro y por fuera, habilitadas para el ejército. En ellas se apreciaba una luz por un ventanuco lateral. Allí al lado hizo su desagüe y volvió a paso ligero. Me llamó aparte para decirme en voz baja:

—Antonio, te tienes que ir esta noche sin falta. Cuando yo llegue hasta la esquina y vuelva, tienes que decidir para dónde te vas. Lo que acabo de escuchar a través de la ventana no es bueno para ti. Esta noche les van a dar un paseo por la cuneta a algunos y tú estarás entre ellos. Lo ha dicho el sargento, que el hijo del porrero tiene que entrar en el camión esta noche, que de él no se ríe nadie. Así que ya lo sabes: voy y vuelvo. Después no te quiero ver porque, dentro de un rato, llegará el camión y, a partir de entonces, todo se hace corriendo y sin respiro ni para los presos ni para los guardias.

Así lo hice. Cuando llegó a la esquina, me arrastré por debajo de la alambrada y corrí hacia los olivos. Creo que no me detuve hasta Los Villares y otra vez entré por el corral de gallinas para no hacer ruido a esas horas de la madrugada. Desperté a mis padres, que, lógicamente, no me esperaban. Les conté lo ocurrido y lo que había escuchado mi amigo; no acababan de creérselo, sobre todo, mi padre. No consideraba que el capitán fuera capaz de cometer semejante barbaridad.

Antes del amanecer alguien aporreó la puerta de la casa, mi padre se levantó y fue a abrir. Se topó con el sargento y cuatro soldados más, que venían buscándome porque me había escapado del cuartel y pensaban que había vuelto a la casa. Mi padre le dijo que no había aparecido nadie más que ellos, pero el sargento no se creía nada. Volvieron a registrar el corral de gallinas, la cuadra y el pozo, además de toda la casa, y no me encontraron. Yo estaba escondido debajo del pesebre, detrás de una bala de paja; justo cuando entraron, el buey soltó una plasta y unas flatulencias que no se podían aguantar. Por eso no siguieron el registro.

Al día siguiente temprano, mi padre se fue para enterarse de lo ocurrido y por qué el capitán quería matar a su hijo. Este le contestó que el sargento le había informado de mi fuga del cuartel y que me podrían fusilar. Mi padre detalló que me había escapado de un corral en la carretera del cerro y que eso no parecía un cuartel. El capitán alegó no entender bien la situación e ignorar el motivo del traslado a ese lugar, pero que se iba a enterar. Efectivamente, averiguó que el sargento había ordenado que yo subiera al camión para la carretera del cerro y que entrara en la lista de los que pasearían por la cuneta. El capitán nunca mandó esa acción de represalia, el sargento debió de confundirse. Estuvieron hablando y aclarando de nuevo la situación. El capitán insistió en que me presentara en el cuartel, se encargaría de que no se repitiese el error.

Por la mañana temprano, mi padre y yo nos fuimos para Andújar. Yo pensaba en salir corriendo, pero mi hermano Manolete, Juan, Francisco y mis padres podrían sufrir las consecuencias. Cuando llegué, esta vez me llevaron a unas oficinas al otro lado del patio. Mi padre me clavó la mirada hasta que entré para tomarme la filiación. Me mandaron a hacer la mili en Jaca, en la provincia de Huesca, un lugar muy fresquito donde pasar tres años más. No me concedieron ni un permiso por ser soldado del ejército rojo, o quizá porque alguien entendió que yo vivía muy lejos y no me daría tiempo a disfrutar de él.

Ahora, con el tiempo que ha transcurrido, lo pasado y vivido, reconozco haber tenido una suerte de la que muchos no gozaron. Nací en una democracia republicana; conocí una España en guerra, la España de la dictadura franquista y, nuevamente, la democracia desde el verano de 1977. Cuando anunciaron que el Partido Comunista se iba a legalizar otra vez, era el día de los Santos Inocentes, veintiocho de diciembre de 1976. Creo recordarlo bastante bien, al menos en esa fecha lo comentábamos en la fábrica. Volvería a España Dolores Ibárruri la Pasionaria. (Que, por cierto, leí un poema de Miguel Hernández sobre ella). No nos creímos nada porque hacía muy poco que había muerto Franco, en 1975, y nos parecía mucho correr. Pero, ciertamente, se celebraron las elecciones y entramos en democracia otra vez. Mi hijo participó en una mesa electoral como interventor del PSOE.

Espero y deseo con todo mi corazón que mis hijos, mis nietos y todos los que vengan detrás no vuelvan a pasar por lo que sufrimos nosotros. A ver si ahora, después de la guerra civil y el intento de golpe de Estado de Antonio Tejero, esas dos Españas son capaces de entenderse en esta nueva democracia, sin necesidad de matarse los unos a los otros.